MW00945907

Belong To

_____

Copyright © 2019 By Frid Huu
All Rights Reserved

EMAIL :

PASSWORD :

EMAIL :

PASSWORD :

EMAIL :

PASSWORD :

EMAIL :

PASSWORD :

EMAIL :

PASSWORD :

EMAIL :

PASSWORD :

EMAIL :

PASSWORD :

EMAIL :

PASSWORD :

EMAIL :

PASSWORD :

EMAIL :

PASSWORD :

EMAIL :

PASSWORD :

EMAIL :

PASSWORD :

EMAIL :

PASSWORD :

EMAIL :

PASSWORD :

EMAIL :

PASSWORD :

EMAIL :

PASSWORD :

EMAIL :

PASSWORD :

EMAIL :

PASSWORD :

A

DATE :   /   /
WEBSITE :
USERNAME :
PASSWORD :
NOTES :

DATE :   /   /
WEBSITE :
USERNAME :
PASSWORD :
NOTES :

DATE :   /   /
WEBSITE :
USERNAME :
PASSWORD :
NOTES :

DATE :   /   /
WEBSITE :
USERNAME :
PASSWORD :
NOTES :

DATE : / /
WEBSITE :
USERNAME :
PASSWORD :
NOTES :

DATE : / /
WEBSITE :
USERNAME :
PASSWORD :
NOTES :

DATE : / /
WEBSITE :
USERNAME :
PASSWORD :
NOTES :

DATE : / /
WEBSITE :
USERNAME :
PASSWORD :
NOTES :

DATE :   /   /

WEBSITE :

USERNAME :

PASSWORD :

NOTES :

DATE :   /   /

WEBSITE :

USERNAME :

PASSWORD :

NOTES :

DATE :   /   /

WEBSITE :

USERNAME :

PASSWORD :

NOTES :

DATE :   /   /

WEBSITE :

USERNAME :

PASSWORD :

NOTES :

A

DATE :   /   /

WEBSITE :

USERNAME :

PASSWORD :

NOTES :

DATE :   /   /

WEBSITE :

USERNAME :

PASSWORD :

NOTES :

DATE :   /   /

WEBSITE :

USERNAME :

PASSWORD :

NOTES :

DATE :   /   /

WEBSITE :

USERNAME :

PASSWORD :

NOTES :

DATE : / /

WEBSITE :

USERNAME :

PASSWORD :

NOTES :

DATE : / /

WEBSITE :

USERNAME :

PASSWORD :

NOTES :

DATE : / /

WEBSITE :

USERNAME :

PASSWORD :

NOTES :

DATE : / /

WEBSITE :

USERNAME :

PASSWORD :

NOTES :

DATE : / /

WEBSITE :

USERNAME :

PASSWORD :

NOTES :

DATE : / /

WEBSITE :

USERNAME :

PASSWORD :

NOTES :

DATE : / /

WEBSITE :

USERNAME :

PASSWORD :

NOTES :

DATE : / /

WEBSITE :

USERNAME :

PASSWORD :

NOTES :

DATE :   /   /

WEBSITE :

USERNAME :

PASSWORD :

NOTES :

DATE :   /   /

WEBSITE :

USERNAME :

PASSWORD :

NOTES :

DATE :   /   /

WEBSITE :

USERNAME :

PASSWORD :

NOTES :

DATE :   /   /

WEBSITE :

USERNAME :

PASSWORD :

NOTES :

B

DATE :   /   /

WEBSITE :

USERNAME :

PASSWORD :

NOTES :

DATE :   /   /

WEBSITE :

USERNAME :

PASSWORD :

NOTES :

DATE :   /   /

WEBSITE :

USERNAME :

PASSWORD :

NOTES :

DATE :   /   /

WEBSITE :

USERNAME :

PASSWORD :

NOTES :

DATE :   /   /

WEBSITE :

USERNAME :

PASSWORD :

NOTES :

DATE :   /   /

WEBSITE :

USERNAME :

PASSWORD :

NOTES :

DATE :   /   /

WEBSITE :

USERNAME :

PASSWORD :

NOTES :

DATE :   /   /

WEBSITE :

USERNAME :

PASSWORD :

NOTES :

DATE : / /
_____
WEBSITE :
_____
USERNAME :
_____
PASSWORD :
_____
NOTES :
_____

DATE : / /
_____
WEBSITE :
_____
USERNAME :
_____
PASSWORD :
_____
NOTES :
_____

DATE : / /
_____
WEBSITE :
_____
USERNAME :
_____
PASSWORD :
_____
NOTES :
_____

DATE : / /
_____
WEBSITE :
_____
USERNAME :
_____
PASSWORD :
_____
NOTES :
_____

DATE : / /

WEBSITE :

USERNAME :

PASSWORD :

NOTES :

DATE : / /

WEBSITE :

USERNAME :

PASSWORD :

NOTES :

DATE : / /

WEBSITE :

USERNAME :

PASSWORD :

NOTES :

DATE : / /

WEBSITE :

USERNAME :

PASSWORD :

NOTES :

DATE :   /   /

WEBSITE :

USERNAME :

PASSWORD :

NOTES :

DATE :   /   /

WEBSITE :

USERNAME :

PASSWORD :

NOTES :

DATE :   /   /

WEBSITE :

USERNAME :

PASSWORD :

NOTES :

DATE :   /   /

WEBSITE :

USERNAME :

PASSWORD :

NOTES :

DATE :   /   /
WEBSITE :
USERNAME :
PASSWORD :
NOTES :

DATE :   /   /
WEBSITE :
USERNAME :
PASSWORD :
NOTES :

DATE :   /   /
WEBSITE :
USERNAME :
PASSWORD :
NOTES :

DATE :   /   /
WEBSITE :
USERNAME :
PASSWORD :
NOTES :

D

DATE :   /   /

WEBSITE :

USERNAME :

PASSWORD :

NOTES :

DATE :   /   /

WEBSITE :

USERNAME :

PASSWORD :

NOTES :

DATE :   /   /

WEBSITE :

USERNAME :

PASSWORD :

NOTES :

DATE :   /   /

WEBSITE :

USERNAME :

PASSWORD :

NOTES :

DATE :　　/　　/

WEBSITE :

USERNAME :

PASSWORD :

NOTES :

DATE :　　/　　/

WEBSITE :

USERNAME :

PASSWORD :

NOTES :

DATE :　　/　　/

WEBSITE :

USERNAME :

PASSWORD :

NOTES :

DATE :　　/　　/

WEBSITE :

USERNAME :

PASSWORD :

NOTES :

D

DATE : / /
WEBSITE :
USERNAME :
PASSWORD :
NOTES :

DATE : / /
WEBSITE :
USERNAME :
PASSWORD :
NOTES :

DATE : / /
WEBSITE :
USERNAME :
PASSWORD :
NOTES :

DATE : / /
WEBSITE :
USERNAME :
PASSWORD :
NOTES :

DATE : / /

WEBSITE :

USERNAME :

PASSWORD :

NOTES :

DATE : / /

WEBSITE :

USERNAME :

PASSWORD :

NOTES :

DATE : / /

WEBSITE :

USERNAME :

PASSWORD :

NOTES :

DATE : / /

WEBSITE :

USERNAME :

PASSWORD :

NOTES :

DATE : / /
WEBSITE :
USERNAME :
PASSWORD :
NOTES :

DATE : / /
WEBSITE :
USERNAME :
PASSWORD :
NOTES :

DATE : / /
WEBSITE :
USERNAME :
PASSWORD :
NOTES :

DATE : / /
WEBSITE :
USERNAME :
PASSWORD :
NOTES :

DATE :   /   /

WEBSITE :

USERNAME :

PASSWORD :

NOTES :

DATE :   /   /

WEBSITE :

USERNAME :

PASSWORD :

NOTES :

DATE :   /   /

WEBSITE :

USERNAME :

PASSWORD :

NOTES :

DATE :   /   /

WEBSITE :

USERNAME :

PASSWORD :

NOTES :

DATE :   /   /

WEBSITE :

USERNAME :

PASSWORD :

NOTES :

DATE :   /   /

WEBSITE :

USERNAME :

PASSWORD :

NOTES :

DATE :   /   /

WEBSITE :

USERNAME :

PASSWORD :

NOTES :

DATE :   /   /

WEBSITE :

USERNAME :

PASSWORD :

NOTES :

DATE :   /   /
WEBSITE :
USERNAME :
PASSWORD :
NOTES :

DATE :   /   /
WEBSITE :
USERNAME :
PASSWORD :
NOTES :

DATE :   /   /
WEBSITE :
USERNAME :
PASSWORD :
NOTES :

DATE :   /   /
WEBSITE :
USERNAME :
PASSWORD :
NOTES :

DATE :   /   /

WEBSITE :

USERNAME :

PASSWORD :

NOTES :

DATE :   /   /

WEBSITE :

USERNAME :

PASSWORD :

NOTES :

DATE :   /   /

WEBSITE :

USERNAME :

PASSWORD :

NOTES :

DATE :   /   /

WEBSITE :

USERNAME :

PASSWORD :

NOTES :

DATE :   /   /

WEBSITE :

USERNAME :

PASSWORD :

NOTES :

DATE :   /   /

WEBSITE :

USERNAME :

PASSWORD :

NOTES :

DATE :   /   /

WEBSITE :

USERNAME :

PASSWORD :

NOTES :

DATE :   /   /

WEBSITE :

USERNAME :

PASSWORD :

NOTES :

F

DATE :   /   /

WEBSITE :

USERNAME :

PASSWORD :

NOTES :

DATE :   /   /

WEBSITE :

USERNAME :

PASSWORD :

NOTES :

DATE :   /   /

WEBSITE :

USERNAME :

PASSWORD :

NOTES :

DATE :   /   /

WEBSITE :

USERNAME :

PASSWORD :

NOTES :

DATE :   /   /
WEBSITE :
USERNAME :
PASSWORD :
NOTES :

DATE :   /   /
WEBSITE :
USERNAME :
PASSWORD :
NOTES :

DATE :   /   /
WEBSITE :
USERNAME :
PASSWORD :
NOTES :

DATE :   /   /
WEBSITE :
USERNAME :
PASSWORD :
NOTES :

DATE :   /   /
_____

WEBSITE :
_____

USERNAME :
_____

PASSWORD :
_____

NOTES :
_____

DATE :   /   /
_____

WEBSITE :
_____

USERNAME :
_____

PASSWORD :
_____

NOTES :
_____

DATE :   /   /
_____

WEBSITE :
_____

USERNAME :
_____

PASSWORD :
_____

NOTES :
_____

DATE :   /   /
_____

WEBSITE :
_____

USERNAME :
_____

PASSWORD :
_____

NOTES :
_____

DATE :   /   /
WEBSITE :
USERNAME :
PASSWORD :
NOTES :

DATE :   /   /
WEBSITE :
USERNAME :
PASSWORD :
NOTES :

DATE :   /   /
WEBSITE :
USERNAME :
PASSWORD :
NOTES :

DATE :   /   /
WEBSITE :
USERNAME :
PASSWORD :
NOTES :

DATE : /   /
WEBSITE :
USERNAME :
PASSWORD :
NOTES :

DATE : /   /
WEBSITE :
USERNAME :
PASSWORD :
NOTES :

DATE : /   /
WEBSITE :
USERNAME :
PASSWORD :
NOTES :

DATE : /   /
WEBSITE :
USERNAME :
PASSWORD :
NOTES :

DATE :   /   /
WEBSITE :
USERNAME :
PASSWORD :
NOTES :

DATE :   /   /
WEBSITE :
USERNAME :
PASSWORD :
NOTES :

DATE :   /   /
WEBSITE :
USERNAME :
PASSWORD :
NOTES :

DATE :   /   /
WEBSITE :
USERNAME :
PASSWORD :
NOTES :

DATE : / /

WEBSITE :

USERNAME :

PASSWORD :

NOTES :

DATE : / /

WEBSITE :

USERNAME :

PASSWORD :

NOTES :

DATE : / /

WEBSITE :

USERNAME :

PASSWORD :

NOTES :

DATE : / /

WEBSITE :

USERNAME :

PASSWORD :

NOTES :

DATE :   /   /
WEBSITE :
USERNAME :
PASSWORD :
NOTES :

DATE :   /   /
WEBSITE :
USERNAME :
PASSWORD :
NOTES :

DATE :   /   /
WEBSITE :
USERNAME :
PASSWORD :
NOTES :

DATE :   /   /
WEBSITE :
USERNAME :
PASSWORD :
NOTES :

DATE : / /
WEBSITE :
USERNAME :
PASSWORD :
NOTES :

DATE : / /
WEBSITE :
USERNAME :
PASSWORD :
NOTES :

DATE : / /
WEBSITE :
USERNAME :
PASSWORD :
NOTES :

DATE : / /
WEBSITE :
USERNAME :
PASSWORD :
NOTES :

DATE :   /   /
WEBSITE :
USERNAME :
PASSWORD :
NOTES :

DATE :   /   /
WEBSITE :
USERNAME :
PASSWORD :
NOTES :

DATE :   /   /
WEBSITE :
USERNAME :
PASSWORD :
NOTES :

DATE :   /   /
WEBSITE :
USERNAME :
PASSWORD :
NOTES :

DATE :   /   /

WEBSITE :

USERNAME :

PASSWORD :

NOTES :

DATE :   /   /

WEBSITE :

USERNAME :

PASSWORD :

NOTES :

DATE :   /   /

WEBSITE :

USERNAME :

PASSWORD :

NOTES :

DATE :   /   /

WEBSITE :

USERNAME :

PASSWORD :

NOTES :

DATE :   /   /

WEBSITE :

USERNAME :

PASSWORD :

NOTES :

DATE :   /   /

WEBSITE :

USERNAME :

PASSWORD :

NOTES :

DATE :   /   /

WEBSITE :

USERNAME :

PASSWORD :

NOTES :

DATE :   /   /

WEBSITE :

USERNAME :

PASSWORD :

NOTES :

DATE :   /   /
WEBSITE :
USERNAME :
PASSWORD :
NOTES :

DATE :   /   /
WEBSITE :
USERNAME :
PASSWORD :
NOTES :

DATE :   /   /
WEBSITE :
USERNAME :
PASSWORD :
NOTES :

DATE :   /   /
WEBSITE :
USERNAME :
PASSWORD :
NOTES :

DATE : / /
WEBSITE :
USERNAME :
PASSWORD :
NOTES :

DATE : / /
WEBSITE :
USERNAME :
PASSWORD :
NOTES :

DATE : / /
WEBSITE :
USERNAME :
PASSWORD :
NOTES :

DATE : / /
WEBSITE :
USERNAME :
PASSWORD :
NOTES :

J

DATE :   /   /

WEBSITE :

USERNAME :

PASSWORD :

NOTES :

DATE :   /   /

WEBSITE :

USERNAME :

PASSWORD :

NOTES :

DATE :   /   /

WEBSITE :

USERNAME :

PASSWORD :

NOTES :

DATE :   /   /

WEBSITE :

USERNAME :

PASSWORD :

NOTES :

DATE :   /   /

WEBSITE :

USERNAME :

PASSWORD :

NOTES :

DATE :   /   /

WEBSITE :

USERNAME :

PASSWORD :

NOTES :

DATE :   /   /

WEBSITE :

USERNAME :

PASSWORD :

NOTES :

DATE :   /   /

WEBSITE :

USERNAME :

PASSWORD :

NOTES :

J

DATE :   /   /

WEBSITE :

USERNAME :

PASSWORD :

NOTES :

DATE :   /   /

WEBSITE :

USERNAME :

PASSWORD :

NOTES :

DATE :   /   /

WEBSITE :

USERNAME :

PASSWORD :

NOTES :

DATE :   /   /

WEBSITE :

USERNAME :

PASSWORD :

NOTES :

DATE : / /

WEBSITE :

USERNAME :

PASSWORD :

NOTES :

DATE : / /

WEBSITE :

USERNAME :

PASSWORD :

NOTES :

DATE : / /

WEBSITE :

USERNAME :

PASSWORD :

NOTES :

DATE : / /

WEBSITE :

USERNAME :

PASSWORD :

NOTES :

DATE : / /
WEBSITE :
USERNAME :
PASSWORD :
NOTES :

DATE : / /
WEBSITE :
USERNAME :
PASSWORD :
NOTES :

DATE : / /
WEBSITE :
USERNAME :
PASSWORD :
NOTES :

DATE : / /
WEBSITE :
USERNAME :
PASSWORD :
NOTES :

DATE :   /   /
WEBSITE :
USERNAME :
PASSWORD :
NOTES :

DATE :   /   /
WEBSITE :
USERNAME :
PASSWORD :
NOTES :

DATE :   /   /
WEBSITE :
USERNAME :
PASSWORD :
NOTES :

DATE :   /   /
WEBSITE :
USERNAME :
PASSWORD :
NOTES :

DATE :   /   /

WEBSITE :

USERNAME :

PASSWORD :

NOTES :

DATE :   /   /

WEBSITE :

USERNAME :

PASSWORD :

NOTES :

DATE :   /   /

WEBSITE :

USERNAME :

PASSWORD :

NOTES :

DATE :   /   /

WEBSITE :

USERNAME :

PASSWORD :

NOTES :

DATE :   /   /
WEBSITE :
USERNAME :
PASSWORD :
NOTES :

DATE :   /   /
WEBSITE :
USERNAME :
PASSWORD :
NOTES :

DATE :   /   /
WEBSITE :
USERNAME :
PASSWORD :
NOTES :

DATE :   /   /
WEBSITE :
USERNAME :
PASSWORD :
NOTES :

DATE : / /
WEBSITE :
USERNAME :
PASSWORD :
NOTES :

DATE : / /
WEBSITE :
USERNAME :
PASSWORD :
NOTES :

DATE : / /
WEBSITE :
USERNAME :
PASSWORD :
NOTES :

DATE : / /
WEBSITE :
USERNAME :
PASSWORD :
NOTES :

DATE :   /   /

WEBSITE :

USERNAME :

PASSWORD :

NOTES :

DATE :   /   /

WEBSITE :

USERNAME :

PASSWORD :

NOTES :

DATE :   /   /

WEBSITE :

USERNAME :

PASSWORD :

NOTES :

DATE :   /   /

WEBSITE :

USERNAME :

PASSWORD :

NOTES :

DATE :   /   /
WEBSITE :
USERNAME :
PASSWORD :
NOTES :

DATE :   /   /
WEBSITE :
USERNAME :
PASSWORD :
NOTES :

DATE :   /   /
WEBSITE :
USERNAME :
PASSWORD :
NOTES :

DATE :   /   /
WEBSITE :
USERNAME :
PASSWORD :
NOTES :

DATE : / /
WEBSITE :
USERNAME :
PASSWORD :
NOTES :

DATE : / /
WEBSITE :
USERNAME :
PASSWORD :
NOTES :

DATE : / /
WEBSITE :
USERNAME :
PASSWORD :
NOTES :

DATE : / /
WEBSITE :
USERNAME :
PASSWORD :
NOTES :

DATE :   /   /

WEBSITE :

USERNAME :

PASSWORD :

NOTES :

DATE :   /   /

WEBSITE :

USERNAME :

PASSWORD :

NOTES :

DATE :   /   /

WEBSITE :

USERNAME :

PASSWORD :

NOTES :

DATE :   /   /

WEBSITE :

USERNAME :

PASSWORD :

NOTES :

DATE :   /   /

WEBSITE :

USERNAME :

PASSWORD :

NOTES :

DATE :   /   /

WEBSITE :

USERNAME :

PASSWORD :

NOTES :

DATE :   /   /

WEBSITE :

USERNAME :

PASSWORD :

NOTES :

DATE :   /   /

WEBSITE :

USERNAME :

PASSWORD :

NOTES :

DATE :   /   /

WEBSITE :

USERNAME :

PASSWORD :

NOTES :

DATE :   /   /

WEBSITE :

USERNAME :

PASSWORD :

NOTES :

DATE :   /   /

WEBSITE :

USERNAME :

PASSWORD :

NOTES :

DATE :   /   /

WEBSITE :

USERNAME :

PASSWORD :

NOTES :

DATE :   /   /

WEBSITE :

USERNAME :

PASSWORD :

NOTES :

DATE :   /   /

WEBSITE :

USERNAME :

PASSWORD :

NOTES :

DATE :   /   /

WEBSITE :

USERNAME :

PASSWORD :

NOTES :

DATE :   /   /

WEBSITE :

USERNAME :

PASSWORD :

NOTES :

DATE :   /   /
WEBSITE :
USERNAME :
PASSWORD :
NOTES :

DATE :   /   /
WEBSITE :
USERNAME :
PASSWORD :
NOTES :

DATE :   /   /
WEBSITE :
USERNAME :
PASSWORD :
NOTES :

DATE :   /   /
WEBSITE :
USERNAME :
PASSWORD :
NOTES :

DATE :   /   /
WEBSITE :
USERNAME :
PASSWORD :
NOTES :

DATE :   /   /
WEBSITE :
USERNAME :
PASSWORD :
NOTES :

DATE :   /   /
WEBSITE :
USERNAME :
PASSWORD :
NOTES :

DATE :   /   /
WEBSITE :
USERNAME :
PASSWORD :
NOTES :

DATE :   /   /

WEBSITE :

USERNAME :

PASSWORD :

NOTES :

DATE :   /   /

WEBSITE :

USERNAME :

PASSWORD :

NOTES :

DATE :   /   /

WEBSITE :

USERNAME :

PASSWORD :

NOTES :

DATE :   /   /

WEBSITE :

USERNAME :

PASSWORD :

NOTES :

DATE :   /   /
WEBSITE :
USERNAME :
PASSWORD :
NOTES :

DATE :   /   /
WEBSITE :
USERNAME :
PASSWORD :
NOTES :

DATE :   /   /
WEBSITE :
USERNAME :
PASSWORD :
NOTES :

DATE :   /   /
WEBSITE :
USERNAME :
PASSWORD :
NOTES :

DATE : / /
WEBSITE :
USERNAME :
PASSWORD :
NOTES :

DATE : / /
WEBSITE :
USERNAME :
PASSWORD :
NOTES :

DATE : / /
WEBSITE :
USERNAME :
PASSWORD :
NOTES :

DATE : / /
WEBSITE :
USERNAME :
PASSWORD :
NOTES :

DATE : / /

WEBSITE :

USERNAME :

PASSWORD :

NOTES :

DATE : / /

WEBSITE :

USERNAME :

PASSWORD :

NOTES :

DATE : / /

WEBSITE :

USERNAME :

PASSWORD :

NOTES :

DATE : / /

WEBSITE :

USERNAME :

PASSWORD :

NOTES :

DATE : / /
WEBSITE :
USERNAME :
PASSWORD :
NOTES :

DATE : / /
WEBSITE :
USERNAME :
PASSWORD :
NOTES :

DATE : / /
WEBSITE :
USERNAME :
PASSWORD :
NOTES :

DATE : / /
WEBSITE :
USERNAME :
PASSWORD :
NOTES :

DATE : / /

WEBSITE :

USERNAME :

PASSWORD :

NOTES :

DATE : / /

WEBSITE :

USERNAME :

PASSWORD :

NOTES :

DATE : / /

WEBSITE :

USERNAME :

PASSWORD :

NOTES :

DATE : / /

WEBSITE :

USERNAME :

PASSWORD :

NOTES :

DATE : /   /

WEBSITE :

USERNAME :

PASSWORD :

NOTES :

DATE : /   /

WEBSITE :

USERNAME :

PASSWORD :

NOTES :

DATE : /   /

WEBSITE :

USERNAME :

PASSWORD :

NOTES :

DATE : /   /

WEBSITE :

USERNAME :

PASSWORD :

NOTES :

DATE :   /   /

WEBSITE :

USERNAME :

PASSWORD :

NOTES :

DATE :   /   /

WEBSITE :

USERNAME :

PASSWORD :

NOTES :

DATE :   /   /

WEBSITE :

USERNAME :

PASSWORD :

NOTES :

DATE :   /   /

WEBSITE :

USERNAME :

PASSWORD :

NOTES :

DATE : / /
WEBSITE :
USERNAME :
PASSWORD :
NOTES :

DATE : / /
WEBSITE :
USERNAME :
PASSWORD :
NOTES :

DATE : / /
WEBSITE :
USERNAME :
PASSWORD :
NOTES :

DATE : / /
WEBSITE :
USERNAME :
PASSWORD :
NOTES :

DATE : / /
WEBSITE :
USERNAME :
PASSWORD :
NOTES :

DATE : / /
WEBSITE :
USERNAME :
PASSWORD :
NOTES :

DATE : / /
WEBSITE :
USERNAME :
PASSWORD :
NOTES :

DATE : / /
WEBSITE :
USERNAME :
PASSWORD :
NOTES :

DATE :   /   /

WEBSITE :

USERNAME :

PASSWORD :

NOTES :

DATE :   /   /

WEBSITE :

USERNAME :

PASSWORD :

NOTES :

DATE :   /   /

WEBSITE :

USERNAME :

PASSWORD :

NOTES :

DATE :   /   /

WEBSITE :

USERNAME :

PASSWORD :

NOTES :

DATE :   /   /
WEBSITE :
USERNAME :
PASSWORD :
NOTES :

DATE :   /   /
WEBSITE :
USERNAME :
PASSWORD :
NOTES :

DATE :   /   /
WEBSITE :
USERNAME :
PASSWORD :
NOTES :

DATE :   /   /
WEBSITE :
USERNAME :
PASSWORD :
NOTES :

DATE : / /
WEBSITE :
USERNAME :
PASSWORD :
NOTES :

DATE : / /
WEBSITE :
USERNAME :
PASSWORD :
NOTES :

DATE : / /
WEBSITE :
USERNAME :
PASSWORD :
NOTES :

DATE : / /
WEBSITE :
USERNAME :
PASSWORD :
NOTES :

DATE :   /   /

WEBSITE :

USERNAME :

PASSWORD :

NOTES :

DATE :   /   /

WEBSITE :

USERNAME :

PASSWORD :

NOTES :

DATE :   /   /

WEBSITE :

USERNAME :

PASSWORD :

NOTES :

DATE :   /   /

WEBSITE :

USERNAME :

PASSWORD :

NOTES :

DATE :   /   /
WEBSITE :
USERNAME :
PASSWORD :
NOTES :

DATE :   /   /
WEBSITE :
USERNAME :
PASSWORD :
NOTES :

DATE :   /   /
WEBSITE :
USERNAME :
PASSWORD :
NOTES :

DATE :   /   /
WEBSITE :
USERNAME :
PASSWORD :
NOTES :

DATE :   /   /

WEBSITE :

USERNAME :

PASSWORD :

NOTES :

DATE :   /   /

WEBSITE :

USERNAME :

PASSWORD :

NOTES :

DATE :   /   /

WEBSITE :

USERNAME :

PASSWORD :

NOTES :

DATE :   /   /

WEBSITE :

USERNAME :

PASSWORD :

NOTES :

DATE : / /
WEBSITE :
USERNAME :
PASSWORD :
NOTES :

DATE : / /
WEBSITE :
USERNAME :
PASSWORD :
NOTES :

DATE : / /
WEBSITE :
USERNAME :
PASSWORD :
NOTES :

DATE : / /
WEBSITE :
USERNAME :
PASSWORD :
NOTES :

DATE :   /   /
WEBSITE :
USERNAME :
PASSWORD :
NOTES :

DATE :   /   /
WEBSITE :
USERNAME :
PASSWORD :
NOTES :

DATE :   /   /
WEBSITE :
USERNAME :
PASSWORD :
NOTES :

DATE :   /   /
WEBSITE :
USERNAME :
PASSWORD :
NOTES :

DATE : / /
WEBSITE :
USERNAME :
PASSWORD :
NOTES :

DATE : / /
WEBSITE :
USERNAME :
PASSWORD :
NOTES :

DATE : / /
WEBSITE :
USERNAME :
PASSWORD :
NOTES :

DATE : / /
WEBSITE :
USERNAME :
PASSWORD :
NOTES :

DATE :   /   /
WEBSITE :
USERNAME :
PASSWORD :
NOTES :

DATE :   /   /
WEBSITE :
USERNAME :
PASSWORD :
NOTES :

DATE :   /   /
WEBSITE :
USERNAME :
PASSWORD :
NOTES :

DATE :   /   /
WEBSITE :
USERNAME :
PASSWORD :
NOTES :

DATE :   /   /
WEBSITE :
USERNAME :
PASSWORD :
NOTES :

DATE :   /   /
WEBSITE :
USERNAME :
PASSWORD :
NOTES :

DATE :   /   /
WEBSITE :
USERNAME :
PASSWORD :
NOTES :

DATE :   /   /
WEBSITE :
USERNAME :
PASSWORD :
NOTES :

DATE :   /   /

WEBSITE :

USERNAME :

PASSWORD :

NOTES :

DATE :   /   /

WEBSITE :

USERNAME :

PASSWORD :

NOTES :

DATE :   /   /

WEBSITE :

USERNAME :

PASSWORD :

NOTES :

DATE :   /   /

WEBSITE :

USERNAME :

PASSWORD :

NOTES :

DATE :   /   /
WEBSITE :
USERNAME :
PASSWORD :
NOTES :

DATE :   /   /
WEBSITE :
USERNAME :
PASSWORD :
NOTES :

DATE :   /   /
WEBSITE :
USERNAME :
PASSWORD :
NOTES :

DATE :   /   /
WEBSITE :
USERNAME :
PASSWORD :
NOTES :

DATE :   /   /
WEBSITE :
USERNAME :
PASSWORD :
NOTES :

DATE :   /   /
WEBSITE :
USERNAME :
PASSWORD :
NOTES :

DATE :   /   /
WEBSITE :
USERNAME :
PASSWORD :
NOTES :

DATE :   /   /
WEBSITE :
USERNAME :
PASSWORD :
NOTES :

DATE : / /

WEBSITE :

USERNAME :

PASSWORD :

NOTES :

DATE : / /

WEBSITE :

USERNAME :

PASSWORD :

NOTES :

DATE : / /

WEBSITE :

USERNAME :

PASSWORD :

NOTES :

DATE : / /

WEBSITE :

USERNAME :

PASSWORD :

NOTES :

DATE : / /
WEBSITE :
USERNAME :
PASSWORD :
NOTES :

DATE : / /
WEBSITE :
USERNAME :
PASSWORD :
NOTES :

DATE : / /
WEBSITE :
USERNAME :
PASSWORD :
NOTES :

DATE : / /
WEBSITE :
USERNAME :
PASSWORD :
NOTES :

DATE : / /
WEBSITE :
USERNAME :
PASSWORD :
NOTES :

DATE : / /
WEBSITE :
USERNAME :
PASSWORD :
NOTES :

DATE : / /
WEBSITE :
USERNAME :
PASSWORD :
NOTES :

DATE : / /
WEBSITE :
USERNAME :
PASSWORD :
NOTES :

DATE :   /   /

WEBSITE :

USERNAME :

PASSWORD :

NOTES :

DATE :   /   /

WEBSITE :

USERNAME :

PASSWORD :

NOTES :

DATE :   /   /

WEBSITE :

USERNAME :

PASSWORD :

NOTES :

DATE :   /   /

WEBSITE :

USERNAME :

PASSWORD :

NOTES :

DATE :   /   /
WEBSITE :
USERNAME :
PASSWORD :
NOTES :

DATE :   /   /
WEBSITE :
USERNAME :
PASSWORD :
NOTES :

DATE :   /   /
WEBSITE :
USERNAME :
PASSWORD :
NOTES :

DATE :   /   /
WEBSITE :
USERNAME :
PASSWORD :
NOTES :

DATE :   /   /

WEBSITE :

USERNAME :

PASSWORD :

NOTES :

DATE :   /   /

WEBSITE :

USERNAME :

PASSWORD :

NOTES :

DATE :   /   /

WEBSITE :

USERNAME :

PASSWORD :

NOTES :

DATE :   /   /

WEBSITE :

USERNAME :

PASSWORD :

NOTES :

DATE :   /   /

WEBSITE :

USERNAME :

PASSWORD :

NOTES :

DATE :   /   /

WEBSITE :

USERNAME :

PASSWORD :

NOTES :

DATE :   /   /

WEBSITE :

USERNAME :

PASSWORD :

NOTES :

DATE :   /   /

WEBSITE :

USERNAME :

PASSWORD :

NOTES :

DATE :   /   /
WEBSITE :
USERNAME :
PASSWORD :
NOTES :

DATE :   /   /
WEBSITE :
USERNAME :
PASSWORD :
NOTES :

DATE :   /   /
WEBSITE :
USERNAME :
PASSWORD :
NOTES :

DATE :   /   /
WEBSITE :
USERNAME :
PASSWORD :
NOTES :

DATE :   /   /
WEBSITE :
USERNAME :
PASSWORD :
NOTES :

DATE :   /   /
WEBSITE :
USERNAME :
PASSWORD :
NOTES :

DATE :   /   /
WEBSITE :
USERNAME :
PASSWORD :
NOTES :

DATE :   /   /
WEBSITE :
USERNAME :
PASSWORD :
NOTES :

DATE :   /   /

WEBSITE :

USERNAME :

PASSWORD :

NOTES :

DATE :   /   /

WEBSITE :

USERNAME :

PASSWORD :

NOTES :

DATE :   /   /

WEBSITE :

USERNAME :

PASSWORD :

NOTES :

DATE :   /   /

WEBSITE :

USERNAME :

PASSWORD :

NOTES :

DATE :   /   /

WEBSITE :

USERNAME :

PASSWORD :

NOTES :

DATE :   /   /

WEBSITE :

USERNAME :

PASSWORD :

NOTES :

DATE :   /   /

WEBSITE :

USERNAME :

PASSWORD :

NOTES :

DATE :   /   /

WEBSITE :

USERNAME :

PASSWORD :

NOTES :

DATE :   /   /
WEBSITE :
USERNAME :
PASSWORD :
NOTES :

DATE :   /   /
WEBSITE :
USERNAME :
PASSWORD :
NOTES :

DATE :   /   /
WEBSITE :
USERNAME :
PASSWORD :
NOTES :

DATE :   /   /
WEBSITE :
USERNAME :
PASSWORD :
NOTES :

DATE :   /   /
WEBSITE :
USERNAME :
PASSWORD :
NOTES :

DATE :   /   /
WEBSITE :
USERNAME :
PASSWORD :
NOTES :

DATE :   /   /
WEBSITE :
USERNAME :
PASSWORD :
NOTES :

DATE :   /   /
WEBSITE :
USERNAME :
PASSWORD :
NOTES :

DATE :   /   /

WEBSITE :

USERNAME :

PASSWORD :

NOTES :

DATE :   /   /

WEBSITE :

USERNAME :

PASSWORD :

NOTES :

DATE :   /   /

WEBSITE :

USERNAME :

PASSWORD :

NOTES :

DATE :   /   /

WEBSITE :

USERNAME :

PASSWORD :

NOTES :

DATE :   /   /
WEBSITE :
USERNAME :
PASSWORD :
NOTES :

DATE :   /   /
WEBSITE :
USERNAME :
PASSWORD :
NOTES :

DATE :   /   /
WEBSITE :
USERNAME :
PASSWORD :
NOTES :

DATE :   /   /
WEBSITE :
USERNAME :
PASSWORD :
NOTES :

DATE :   /   /
WEBSITE :
USERNAME :
PASSWORD :
NOTES :

DATE :   /   /
WEBSITE :
USERNAME :
PASSWORD :
NOTES :

DATE :   /   /
WEBSITE :
USERNAME :
PASSWORD :
NOTES :

DATE :   /   /
WEBSITE :
USERNAME :
PASSWORD :
NOTES :

DATE :   /   /

WEBSITE :

USERNAME :

PASSWORD :

NOTES :

DATE :   /   /

WEBSITE :

USERNAME :

PASSWORD :

NOTES :

DATE :   /   /

WEBSITE :

USERNAME :

PASSWORD :

NOTES :

DATE :   /   /

WEBSITE :

USERNAME :

PASSWORD :

NOTES :

DATE :   /   /
WEBSITE :
USERNAME :
PASSWORD :
NOTES :

DATE :   /   /
WEBSITE :
USERNAME :
PASSWORD :
NOTES :

DATE :   /   /
WEBSITE :
USERNAME :
PASSWORD :
NOTES :

DATE :   /   /
WEBSITE :
USERNAME :
PASSWORD :
NOTES :

DATE : / /
WEBSITE :
USERNAME :
PASSWORD :
NOTES :

DATE : / /
WEBSITE :
USERNAME :
PASSWORD :
NOTES :

DATE : / /
WEBSITE :
USERNAME :
PASSWORD :
NOTES :

DATE : / /
WEBSITE :
USERNAME :
PASSWORD :
NOTES :

DATE :   /   /

WEBSITE :

USERNAME :

PASSWORD :

NOTES :

DATE :   /   /

WEBSITE :

USERNAME :

PASSWORD :

NOTES :

DATE :   /   /

WEBSITE :

USERNAME :

PASSWORD :

NOTES :

DATE :   /   /

WEBSITE :

USERNAME :

PASSWORD :

NOTES :

DATE :   /   /

WEBSITE :

USERNAME :

PASSWORD :

NOTES :

DATE :   /   /

WEBSITE :

USERNAME :

PASSWORD :

NOTES :

DATE :   /   /

WEBSITE :

USERNAME :

PASSWORD :

NOTES :

DATE :   /   /

WEBSITE :

USERNAME :

PASSWORD :

NOTES :

DATE :   /   /
WEBSITE :
USERNAME :
PASSWORD :
NOTES :

DATE :   /   /
WEBSITE :
USERNAME :
PASSWORD :
NOTES :

DATE :   /   /
WEBSITE :
USERNAME :
PASSWORD :
NOTES :

DATE :   /   /
WEBSITE :
USERNAME :
PASSWORD :
NOTES :

DATE :   /   /

WEBSITE :

USERNAME :

PASSWORD :

NOTES :

DATE :   /   /

WEBSITE :

USERNAME :

PASSWORD :

NOTES :

DATE :   /   /

WEBSITE :

USERNAME :

PASSWORD :

NOTES :

DATE :   /   /

WEBSITE :

USERNAME :

PASSWORD :

NOTES :

Z

DATE :   /   /

WEBSITE :

USERNAME :

PASSWORD :

NOTES :

DATE :   /   /

WEBSITE :

USERNAME :

PASSWORD :

NOTES :

DATE :   /   /

WEBSITE :

USERNAME :

PASSWORD :

NOTES :

DATE :   /   /

WEBSITE :

USERNAME :

PASSWORD :

NOTES :

Z

DATE :   /   /

WEBSITE :

USERNAME :

PASSWORD :

NOTES :

DATE :   /   /

WEBSITE :

USERNAME :

PASSWORD :

NOTES :

DATE :   /   /

WEBSITE :

USERNAME :

PASSWORD :

NOTES :

DATE :   /   /

WEBSITE :

USERNAME :

PASSWORD :

NOTES :

Name	Phone N

Name	Phone N

Software	license keys

Software	license keys

NOTES

NOTES

NOTES

NOTES

NOTES

NOTES

NOTES

NOTES

Made in the USA
Monee, IL
11 October 2022

15685066R00069